HUGO ATZWANGER

HUGO ATZWANGER

1883–1960

Eine Monographie
von Josef Unterer

Herausgegeben vom
Südtiroler Künstlerbund - Bozen

VERLAGSANSTALT ATHESIA - BOZEN

MONOGRAPHIEN SÜDTIROLER KÜNSTLER

Band 1
HANS EBENSPERGER

Band 2
KIEN

Band 3
ANTON HOFER

Band 4
HANS PIFFRADER

Band 5
ANNI ÉGÖSI

Band 6
HUGO ATZWANGER

Umschlag: Mädchen in Tracht - Aquarell, 22,5 x 28,3 cm

1981

Alle Rechte vorbehalten
© by Verlagsanstalt Athesia, Bozen
Gestaltung: Roland Prünster, Bozen
Gesamtherstellung: ATHESIADRUCK, Bozen
ISBN 88-7014-228-0

Geleitwort

Mit der Verleihung des Professorentitels an Hugo Atzwanger durch den österreichischen Bundespräsidenten im Jahre 1954, wurde von höchster Stelle eine Persönlichkeit geehrt, die es, wegen ihrer vielseitigen Begabung als Künstler, Denkmal- und Heimatpfleger, zu großem Ansehen gebracht hatte.

In seinen zahllosen Skizzen und Illustrationen bewies Hugo Atzwanger, daß er einen begnadeten Blick für das Wesentliche und Typische einer Landschaft, ihrer Bauten, ihrer Vegetation und den in dieser Landschaft lebenden und arbeitenden Menschen besaß.

Diese feinsinnigen Zeichnungen fanden bald Eingang in die verschiedensten Kalender, Zeitschriften und Lesebücher und machten Hugo Atzwanger auch beim breiten Publikum zu einem Begriff.

Schließlich sei noch erwähnt, daß der Künstler auch auf dem Gebiete der Landschafts- und Architekturfotografie Bahnbrechendes zu leisten vermochte.

Dem Südtiroler Künstlerbund ist es eine große Freude, daß es wiederum gelungen ist, einem seiner Gründungsmitglieder durch die Herausgabe dieses Werkes die gebührende Ehre zu erweisen.

Mein Dank gilt daher allen, die am Zustandekommen dieser Monografie mitgewirkt haben, besonders aber Herrn Dr. Josef Unterer, der sich die Mühe genommen hat, das umfassende Material über das Schaffen Atzwangers zusammenzutragen und zu verarbeiten.

Bozen, im Januar 1981.

Dr. arch. Helmuth Maurer
Präsident des Südtiroler Künstlerbundes

Hugo Atzwanger, 39jährig

Hugo Atzwanger
Ein Mann im Dienste seiner Heimat

Will man dem Werk Hugo Atzwangers annähernd gerecht werden, genügt es nicht, bloß sein künstlerisches Schaffen zu beschreiben, es muß vor allem sein Verhältnis zur Südtiroler Landschaft, zu ihren Menschen und zu ihrer Kultur untersucht werden.

Denn Atzwanger war, das sei hier schon vorweggenommen, kein Künstler im landläufigen Sinn, der nur mit Pinsel und Stift arbeitete, er war Heimat- und Denkmalpfleger im besten und weitesten Sinn des Wortes, war Diener seiner Heimat und, wie es sein guter Freund Josef Garber treffend formulierte, »der Heimat verfallen wie ein Held dem Schicksal«.

Geboren wurde Hugo Atzwanger am 19. Februar 1883 in Feldkirch, wo sein Vater Finanzrat war. Die Familie entstammte einem alten Tiroler Geschlecht, welches in Atzwang im Eisacktal seit dem 13. Jahrhundert nachweisbar ist.

Die Gymnasialstudien Hugos wechselten mit den Beamtenversetzungen des Vaters, und so kommt es, daß der junge Studiosus 1901 in Brixen ins Gymnasium eintritt. Die hier verbrachten drei Jahre bis zur Matura prägen entscheidend den weiteren Lebensweg.

Da sind zunächst die Studienkameraden Josef Garber, Hermann Mang, Franz Junger und Josef Weingartner zu denen er sich hingezogen fühlt, dann ist hier der Dombenefiziat Ferdinand Gatt, der den Schülern außerhalb des Unterrichtes Zeichenstunden erteilt und der in seiner sauberen, präzisen Manier die spätere Arbeitsweise Atzwangers stark beeinflußt.

Als dritter und entscheidendster Faktor muß aber die malerische Landschaft um Brixen gelten, die schon damals den angehenden Künstler zum Zeichnen und Malen anregte und die ihn für sein ganzes Leben fesselte. Propst Josef Weingartner beschreibt den damals Siebzehnjährigen in seinen Erinnerungen so:

»Er war sehr schmächtig, fiel durch sein nervöses Augenblinzeln auf und machte mit seiner schmalen Nase, dem stets hochgestellten Mantelkragen, dem breitkrämpigen Hut und den welligen Haaren schon gleich auf den ersten Blick einen ausgesprochen künstlerischen Eindruck...

In der Schule gehörte Atzwanger nicht zu den Prominenten, ins gesellige Leben aber fügte er sich, obwohl er eher still und zurückhaltend war, ausgezeichnet ein...

Vor allem aber wurde seine künstlerische Begabung sofort entdeckt und von der ganzen Klasse sehr geschätzt. Gleich schon für die erste Bierzeitung zeichnete er eine sehr flotte farbig getönte Randleiste aus Hopfenranken, Gerstenähren und Weinblättern - sie trägt das Datum 23. 11. 1901 - mit der sich Atzwanger auch heute noch sehen lassen könnte«.

Die sorglose Gymnasialzeit in Brixen war bald zu Ende, und im Herbst 1903 beginnt er für vier Jahre sein Akademiestudium in München bei den Professoren Gabriel von Hackl und Wilhelm von Dietz. Der trockene Schulbetrieb hält ihn nicht lange; besonders während der Sommersemester zieht er es vor, die

Eisacktaler Heimat zu erwandern und dort seine praktischen Studien zu betreiben. Er beweist sein erstes Können in Fresken in Völs, St. Konstantin und Gufidaun (1905-1907).

Bereits hier zeichnet sich etwas Wesentliches am Künstlertum Atzwangers ab: sein äußerer Weg ist bohémehaft ungebunden, sein künstlerisches Werk ist ganz dem Erfühlen der Landschaft und ihrer Bewohner ausgerichtet, der Gegenstand selbst wird in einen inneren Zusammenhang gebracht.

Den Winter 1907/08 und den beginnenden Frühling verbringt er in Florenz (es ist dies die einzige größere Kunstreise seines Lebens); dorthin kommt auch Weingartner nach, mit welchem er weite Fußreisen in die Toskana unternimmt.

Sonst zieht er auf und ab im Land, lebt von der Hand in den Mund, arbeitet einmal für den Wirt, ein andermal für den Pfarrer, schafft Fresken und Aquarelle und hält alles gewissenhaft in den heute noch erhaltenen Skizzenheften fest.

Dennoch erahnt man ein gewisses Unbehagen, ein Suchen nach einer Festigung und Bestätigung; er hält sich verschiedene Male in München (1909 und 1910) auf, fährt sogar nach Berlin (1911), um dort die Malschule Corinths und Slevogts zu besuchen, in denen er die begabtesten Vertreter der zeitgenössischen Malerei erblickte.

Doch sein Schicksal ist besiegelt, er ist, wie ihn manche seiner Freunde nennen, ein »Taugenichts«, der dem Land an Eisack und Etsch »verfallen« ist, er flüchtet beobachtend und zeichnend in die Natur und in die rauchigen Wirtsstuben, die beide sein einziges wahres Atelier bleiben werden.

Eine letzte methodische Schulung macht der nunmehr 27jährige in Wien mit, wo er einen von der k.k. Zentralkommission für Denkmalpflege veranstalteten Restauratorenkurs besucht. Ein Brief, den der frühere Schulfreund Josef Garber an Weingartner schrieb, zeigt, wie interessiert und besorgt man um Atzwanger war. Dort heißt es (20. Mai 1913): »...*Bitte, setze Dich, wenn es irgendwie geht, für ihn ein, daß er zum Restaurationskurs nach Wien gehen kann. Ich habe mit ihm schon darüber gesprochen. Er hätte schon Lust und Freude. Zudem scheint es ihm gegenwärtig nicht allzu glänzend zu gehen... Hat sicher auch das nötige Verständnis und die Freude am Alten...*«.

Im nächsten Jahr ist er schon als Restaurator am Gentersberg im Sarntal tätig, und wie dann der große Krieg ausbricht, zieht er kurzerhand mit den Sarnern als einfacher Standschütze ins Feld. Zwischen Gardasee und Arco wird Stellung bezogen; die uninteressante Aufgabe eines Zensors und Kriegsmalers wird entschädigt durch die landschaftliche Schönheit, deren Stille und Monumentalität einst auch Adalbert Stifter beeindruckt hat. Hier entstehen gute Charakterköpfe von Kriegskameraden, Landschaften in Farbstift, Zeichnungen von einsam liegenden Gehöften und getarnten Unterständen.

Mit dem Ende des Ersten Weltkrieges schließt ein wichtiger Lebensabschnitt Atzwangers; nach kurzer Gefangenschaft in Verona folgt die Heimkehr im Juli 1919, die, durch die Zeitläufe bedingt, von Depressio-

Hugo Atzwanger oberhalb Schrambach im Eisacktal

nen begleitet ist. Da springt wieder der geistliche Freund Garber ein, er holt ihn zeitweise zu sich auf den Heimathof nach Tscherms, wo er ihm auch einige Aufträge vermittelt. Josef Garber meint dazu später: *»Das wichtigste war wohl, daß Atzwanger nach dieser Zeit des Zweifelns und der Depressionen schließlich doch einen Weg zum Vorwärtskommen durch Einstellung auf das Eigene der Begabung und durch den Anschluß an die Zweige und die Art der Volkskunst fand, etwa so wie früher ein Maler im und für das Volk malte, ohne daß gerade immer die Gloriole des 'göttlichen Künstlertums' zuerst angedeutet werden mußte«.*

Diese seine eigene Begabung entdeckt er dann auch bei der Zusammenarbeit mit dem Architekten Marius Amonn, für den er verschiedene Hausbemalungen entwirft. Hier zeigt sich wieder das Charakteristische an Atzwangers Kunst, daß er sich einfühlen kann in einen Gegenstand, daß er fähig ist, Räumliches und Malerisches aufeinander abzustimmen.

Inzwischen ist er seit 1921 in Bozen seßhaft, wird mit Franz Junger, Raimund von Klebelsberg und Karl Maria Mayr zum Mitbegründer des »Schlern« und arbeitet seit 1925 auch an dem von seinem früheren Schulfreund Hermann Mang redigierten Brixner »Kassian-Kalender« mit: Arbeitsbereiche, die ganz seinem Wesen entsprechen, welches in den unzähligen Zeichnungen, Vignetten und Titelköpfen zum Ausdruck kommt. Auch schafft er die Illustrationen für die Lesebücher »Am Bergquell« (1925) und »Deutsche Erde« (1926).

Wohl als Ausnahme mag die Teilnahme an der Ausstellung »Sezession Innsbruck« in den Jahren 1933 und 1936 sowie an der »Gaukunst« von 1944 gelten. Bei letzterer ist er mit zwei Federzeichnungen vertreten (je 300 RM).

Bis um das Jahr 1940 sind es harte Zeiten; der wirtschaftlich-politischen Situation entsprechend gibt es nur wenige Aufträge, so etwa Fresken am Gasthof »Raffl« am Meraner Pfarrplatz und in der Konditorei »Hofer« in Bozen, den sehr gelungenen Hausschmuck beim »Mitterstieler« in Atzwang und die Ausschmükkung eines Gewölbes beim »Elefanten« in Brixen (1937).

Ansonsten schafft er reine Gebrauchskunst für Urkunden, Exlibris, Plakate und Etiketten.

Seit den zwanziger Jahren kommt dann eine neue, für den Künstler wohl entscheidende Technik hinzu, jene der Fotografie. Mit einer einfachen »Box« hält er Landschaft und Gehöfte fest; die reiche Ausbeute wird dann regelmäßig in geselliger Runde im Heim von Luis Oberrauch-Gries begutachtet und kommentiert.

Technisch verbessert er sich zusehends, der Dilettant und Autodidakt bringt es im Laufe der Zeit zu einer beachtlichen Meisterschaft, so daß Propst Weingartner 1953 zu Recht sagen konnte, *»seine Aufnahmen von Landschaften, Bauernhäusern und Burgen gehören zweifellos zu den besten fotografischen Wiedergaben unserer Heimat«.*

Die in systematischer Arbeit geschaffenen Grundlagen, seine gründlichen landeskundlichen Kenntnisse und sein alles Wesentliche erfassendes Künstlerauge kommen ihm sehr zustatten, wie er im Jahr 1940 anläßlich der »Südtiroler Bauernhausaufnahme« im Rahmen der

Kulturkommission Bozen als wertvollster Mitarbeiter an die Seite ihres Leiters Dr. Martin Rudolph berufen wird.

Alles kulturell Bemerkenswerte vom Bauernhaus bis zum Hausrat wird statistisch erfaßt; für Hugo Atzwanger ist dies seine erste feste Anstellung mit regelmäßigem Einkommen, und endlich kann der nunmehr 57jährige an die Gründung eines eigenen Hausstandes denken. Mit dem Jahr 1940 kann man wohl den Beginn von Atzwangers drittem und letztem Lebenskapitel ansetzen.

Dieses erfährt einen ersten Höhepunkt mit der Verehelichung Hugo Atzwangers mit Rosa Schwänninger 1942. Sie hatten sich schon früh kennengelernt; Rosa war Wirtstochter aus Zwölfmalgreien und brachte den künstlerischen Arbeiten größtes Interesse und Verständnis entgegen. Große, aber nur kurze Freude bereitet dem Paar die Geburt eines Töchterchens, das einer tückischen Krankheit zum Opfer fällt.

Atzwanger ist nun vorwiegend auf volkskundlichem Gebiet tätig; nach dem Krieg wird er nach Nordtirol berufen, wo er als wissenschaftlicher Mitarbeiter in der Grundlagenforschung des Amtes für Landwirtschaft ein reiches Betätigungsfeld findet.

Fünf Sommer lang durchwandert er die Täler am oberen Inn, und wie am 26. November 1945 die Ortschaft Grins im Stanser Tal durch einen Großbrand fast gänzlich in Schutt und Asche fällt, da wird Hugo Atzwanger für den Wiederaufbau hinzugezogen. Er arbeitet wochenlang auf den Gerüsten und entwirft in geduldiger Kleinarbeit die alten Muster, die die neuen Hausfassaden schmücken sollen.

Inzwischen wird in Bozen das kulturelle Leben wieder aufgenommen; er beteiligt sich an den verschiedenen Weihnachts- und Frühjahrsausstellungen des Südtiroler Künstlerbundes, von welchem er 1954 zum Ehrenmitglied ernannt wird. Im selben Jahr verleiht ihm das österreichische Unterrichtsministerium den Professorentitel.

Und endlich, im Jahr 1955, erfolgt seine erste eigene Ausstellung in den Räumen des Brixner Diözesanmuseums, die vor allem auf das Drängen von Dr. Wolfsgruber hin zustandekommt. Es sind 75 Werke, die er zeigt, kleinformatige Zeichnungen und Aquarelle, die im Laufe der Jahrzehnte entstanden waren.

Als direkter Erfolg ist der Ankauf einer Reihe von Zeichnungen zu bewerten, den das Österreichische Unterrichtsministerium tätigt: die Bilder sind heute als Dauerleihgabe im Tiroler Volkskundemuseum Innsbruck. *»Für seine Verdienste um die künstlerische Veredelung des Heimatbildes in Nord- und Südtirol«* erhält Atzwanger mit Beschluß der Tiroler Landesregierung vom 10. Dezember 1959 das Goldene Ehrenzeichen des Landes Tirol.

Gleichsam als Abschiedsgeschenk an den greisen, bereits kranken Künstler kann die große Ausstellung empfunden werden, die am 17. Februar 1960 in der Bozner Dominikanergalerie eröffnet wird.

Die eigentliche Eröffnungsansprache hält Dr. F. H. Riedl, als Ehrengäste werden begrüßt die Gattin Frau Prof. Rosa Atzwanger, Hofrat Ing. Hans Weingartner in Vertretung der Tiroler Landesregierung,

Monsignor Propst Kalser und zahlreiche Kunstfreunde. Karl Theodor Hoeniger verfaßt als langjähriger Freund für den Künstlerbund den Katalog.

Obwohl sich Professor Hugo Atzwanger von seiner Krankheit so weit erholt hatte, daß er noch seine Ausstellung besuchen konnte, verschied der Künstler unerwartet am 12. Juni 1960 in seinem Heim am Oswaldweg.

Er wurde am Bozner Friedhof von Oberau bestattet, sechs Mitglieder aus der Reihe des Südtiroler Künstlerbundes trugen den Sarg.

28.3.1929

Bei der Villnösser Brücke - Farbstift, 36 x 29 cm, 1929

Fröhliche Runde - Farbstift, 38 x 19 cm

Drò, Torre di Angelini - Farbstift, 21 x 13 cm, 1913

Wasserschöpfrad bei Bozen - Aquarell, 48,5 x 32,5 cm

Schweizer in Obervöls - Bleistift 45 x 28 cm, 1926

Im Eisacktal - Bleistift, 65 x 40 cm

Die Mühle in Steg am Kuntersweg - Bleistift, 45 x 29 cm

Säbenerberg - Bleistift, 20 x 16,5 cm, 1911

Schmuck und roter Adler, Klausen - Bleistift, 20 x 16,5 cm, 1911

Jenesien - Bleistift, 20 x 16,5 cm, 1911

Frasser im Eisacktal - Bleistift 20 x 16,5 cm

Burg Branzoll - Bleistift, 20 x 16,5 cm, 1911

Blick auf Säben - Bleistift, 20 x 16,5 cm, 1911

Neustift - Tusche, 33 x 20 cm

Braitner am Villanderer Berg - Bleistift, 20 x 16,5 cm, 1911

Auf der Frag - Bleistift, 20 x 16,5 cm, 1911

Standschütze
Jakob Groß - Bleistift
25 x 30 cm, 1916

Holzzaun - Bleistift, 25 x 20 cm

Trachtenstudien - Bleistift, 25 x 20 cm

Blick auf Lajen - Bleistift, 36 x 29 cm, 1929

Holzzaun - Bleistift, 25 x 20 cm

Stand 3 - Bleistift, 31,5 x 23 cm, 1916

Mairl im Klausener Leitach - Bleistift, 18 cm, 1911

Verschneid - Bleistift, 59 x 39 cm

Stimmen zum Werk Hugo Atzwangers

Arch. Marius Amonn, 1928 *Der Schlern, 9. Jg. S. 324*
»Wo die Bestimmung es erheischt, steigert sich die Kunst Atzwangers zu feierlicher Monumentalität, wie bei seinen Fresken in zwei Arkaden des Sextner Friedhofes.
Weihevoller Ernst und erhebender Sinn sprechen daraus, wie er nur einem Menschen von wahrer Geistesbildung und Gemütstiefe eigen sein kann, und einem Künstler, der in jedem Fall das Besondere der Aufgabe feinfühlig erfaßt und ihm mit seinem Können solchen Ausdruck verleiht, daß er unmittelbar zum Herzen des Volkes spricht« *(Die hier besprochenen Fresken sind seit 1952 nicht mehr vorhanden).*

E. Fußenegger, 1933 *Der Schlern, 14. Jg. S. 67-68*
»Was die Atzwangerischen Arbeiten besonders charakterisiert, ist die starke Eigenwesigkeit und absolute Ursprünglichkeit seiner Malerei, die nichts mit der sog. akademischen, angelernten, artgehemmten Malerei zu tun hat.
Unbeirrbare Strenge gegen sich selbst ließ den Künstler jene Form finden, die aus dem Wurzelboden der Blutheimat wuchs und die eben seine Form wurde.
Luftig und leicht sind seine Fresken, von einer Natürlichkeit, die auch zu Kinderseelen zu sprechen vermag«.

Josef Ringler, 1955 (Ausstellung Brixen) *Der Schlern, 29. Jg. S. 401*
»Auf 75 Blättern meist kleinen Formats wird hier aus der Fülle seiner zahlreichen Arbeiten eine Auslese der Besten einem aufnahmebereiten Auge zu stiller Betrachtung und liebevoller Versenkung ausgebreitet.
Dies sind zwei Grundvoraussetzungen, will man an Atzwangers subtile Kleinkunst herankommen.
Wohl hat sich der Künstler auch erfolgreich mit dem Wandbild befaßt, doch die Krone seines Schaffens liegt in diesen kleinen Blättern, seiner ureigensten Handschrift.
Mit diesen feinen Äußerungen seines Künstlertums steht er unter den tirolischen Zeitgenossen nördlich und südlich des Brenners einmalig da«.

Kulturberichte aus Tirol, 1960 *Folge 119/120 S. 5*
»Sein Entwicklungsgang ist der G. Hohenauer des treuen Dieners an seiner Heimat, der seine hohen künstlerischen Gaben dem Dienst einer Aufgabe unterordnete, die er immer klarer als die ‚seine' erkannte: in einer Zeit rascher und bedrohlicher Umgestaltung mit Künstlerhand festzuhalten, was uns der Genius Loci als gereifte Form und Gestalt aus Landschaft, Siedlung und Menschenwerk überliefert hat«.

Josef Ringler, 1960 (Zur Fotografie) *Der Schlern, 34. Jg. S. 206*
»Da sich der Künstler bewußt war, daß seine Kräfte nicht ausreichen würden, um alles, was ihm bemerkenswert erschien, mit der Feder oder dem Bleistift festzuhalten, wandte er sich der Fotografie zu und hinterließ uns viele Hunderte von Aufnahmen von Gehöf-

ten, Häusern, Ansitzen, Ortsansichten, kirchlichen Bauwerken und volkskundlichen Dingen wie Brunnen, Bildstöcken, Zäunen, Fahrzeugen, Arbeitsgeräten, Trachten usf.

Oft stieg unser Freund zwei-, dreimal zu einem Gehöft oder einem Stadel hinauf, um das betreffende Objekt zur richtigen Jahreszeit und bei richtigem Sonnenstand oder Licht zu fotografieren.

Atzwanger ging es dabei nicht nur um das richtige Erfassen des Objekts und dessen künstlerische Darstellung, er hatte auch einen seltenen Blick für baugeschichtliche und wissenschaftsgeschichtliche Fragen«.

Elisabeth Scherer-Baumgartner 1970 *Dolomiten Nr. 44 S. 5*

»Auch Atzwanger zählte zu jener denkwürdigen Künstlergeneration, die zu Anfang unseres Jahrhunderts in die einheimische Malerei frischen Wind brachte und ihr zu einem Ruf verhalf, der über die Grenzen unseres Landes ein gutes Stück hinausreichte.

Während der Blütezeit dieser, in der heimatlichen Tradition wurzelnden Malerei, die auch in Bozen eine stattliche Anzahl würdiger Vertreter hatte, bekam nicht nur die kleine, lokale Malergilde, sondern die ganze Talferstadt einen künstlerischen Auftrieb und eine Kunstfreudigkeit, die seither nicht ihresgleichen fand«.

Algund - Fotoaufnahme

Wasserschöpfrad am Bozner Boden - Fotoaufnahme

Mölten, Außerspergs - Fotoaufnahme

Badestube bei Schloß Schönegg - Fotoaufnahme 1934

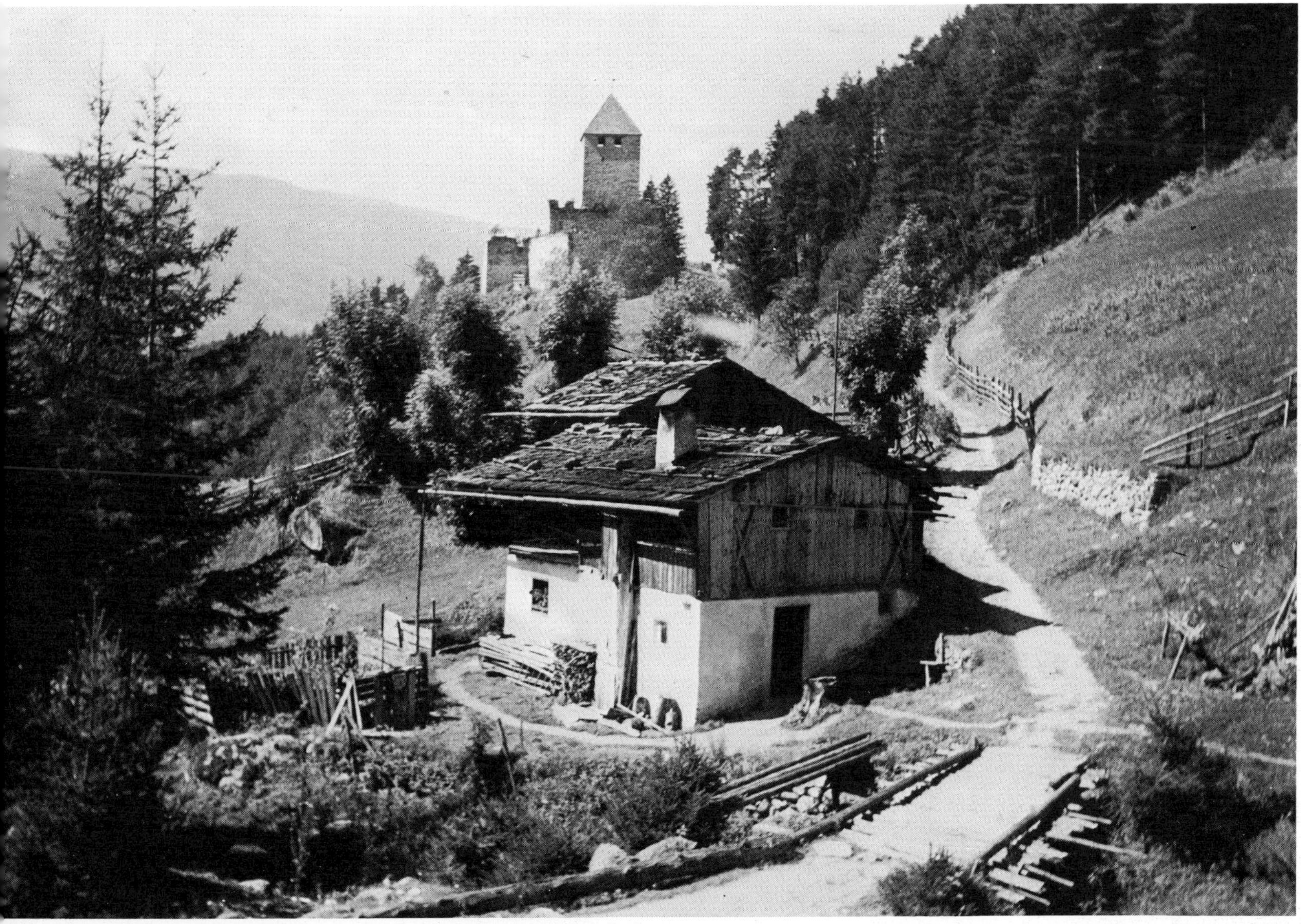

St. Johann, Obwegis - Fotoaufnahme

Kastanienbaum
Fotoaufnahme

Das Werk Hugo Atzwangers heute

Da das malerische und zeichnerische Werk Atzwangers vorwiegend in privater Hand ist, kann es am besten in den vielen Reproduktionen des »Schlern« besehen werden.

Besonders die Augustnummer des Jahres 1928, das »Atzwangerheft«, bringt einen ausführlichen Lebensweg und viele Abbildungen.

An Originalen besitzt das Tiroler Volkskundemuseum Innsbruck - allerdings als Leihgabe - 25 Pinsel- bzw. Federzeichnungen, die zum größten ausgestellt sind.

In eigenem Archivbesitz desselben Museums ist eine eigene »Atzwangermappe« mit an die 40 Entwürfen und Skizzen.

Von den vielen Fresken haben sich durch die häufigen Um- und Ausbauten nur mehr sehr wenige erhalten.

Einen besonderen Hinweis verdient das Fotoarchiv Atzwangers, welches musterhaft geordnet mit ungefähr 20.000 Abbildungen in einem Raum des Südtiroler Volkskundemuseum Dietenheim einen endgültigen Standort gefunden hat.

Das Werk Atzwangers wäre unvollständig, würde man nicht die wichtigsten heimatlichen Schriften erwähnen:

»Um Eisack und Etsch«, *Bozen 1928;*

»Das Haus im Oberen Gericht«, *Schlern-Schrift 1956, Nr. 133;*

»Albrecht Dürers Landschaften an Inn und Eisack«, *Der Schlern 8, 1927;*

»Der Ansitz Reinsberg«, *Der Schlern 10, 1929;*

»Zur Deutung von Dürers Felswand«, *Der Schlern 16, 1935;*

»Eine Zeichnung Ludwig Richters«, *Der Schlern 20, 1946.*

Atzwangers größtes wissenschaftliches Vorhaben, »Das rätische Haus«, blieb leider unvollendet.

Zahlreiche Vorarbeiten, Studien, Skizzen, Zeichnungen und Fotos liegen noch in den Mappen des Künstlers.

Fassadenentwurf Rathaus Kastelruth - Aquarell, 1925

Gufidaun, Turmwirtshaus - Fresko, 1907

Literarische Proben

Daß Hugo Atzwanger auch treffend mit der Sprache umzugehen wußte, sollen einige wenige Proben beweisen (aus »Um Eisack und Etsch«):

»Die vielgerühmte Schönheit dieses Tales (= mittleres Eisacktal), lassen die Linien der mehrfach hintereinanderliegenden, immer ferneren Höhenzüge ahnen, die sanft sich aus dem Tal erheben, in lustigem Übermut von Stuf' zu Stufe in die Höhe klimmen, im Umriß einbeziehend Kirchen, ferne Schlösser, Baumkronen und hochgelegene Gehöfte und die dann über den runden Alpenböden lotrecht verlaufen in das Gewänd der Dolomiten« (S. 7).

Zu den Geislerspitzen:

»Goldener Schimmer fließt von ihnen ins Tal, das schon in tiefer Dämmerung liegt, wenn sie allein noch in der letzten Glut der Abendsonne stehn; und in gespenstigem Spiele zieht in der lautlosen Sommernacht der Mond hinter ihrer zackigen Reihe hin« (S. 10).

Die Porphyrtuffe im Eisacktal:

»Als plumpe Türme, dunkelrot und bauchig und mit buschigbewachsenem Haupte, recken sie sich an der Straße in die Höhe wie riesige Leiber urweltlicher Fabelwesen und schrecken dich mit faunischem Grinsen« (S. 18).

Die Bozner Atmosphäre hielt er so fest:

»Vom Porphyr, aus dem es erbaut, und von den Hohlziegeln, mit denen seine von ungezählten Lichthauben überhöhten Dächer eingedeckt sind, hat Bozen den zarten Grau-Rosa-Ton, mitten im Grünen der Reben« (S. 20).

»Beim Betreten des Baugefüges rufen die durchgebogenen Deckenbalken, die ausgetretenen Türschwellen und Bodendielen unwillkürlich alle in Erinnerung, die hier in fröhlicher Zufriedenheit aber auch in Mühsal und Zeiten der Not ausgehalten haben...

Gewiß können solche alten Häuser in Manchem den heutigen Anforderungen nicht mehr genügen. Dahingegen entbehren die neuzeitlichen Bauten heute noch vielfach der Gefühlswerte und der Geistigkeit, die die Bauten früherer Zeiten ausstrahlen und die ihnen meistens weder diejenigen, die sie bauen, noch jene, die sie bewohnen, einzuhauchen vermögen« (S. 252).

Der Obervinschgau:

»Verschlossen, in sich schauend, wie in Erinnerung an eine vergangene Welt, von der sie allein übriggeblieben sind, stehen die Orte und die Bauten in der Landschaft und geben ihr einen ungewöhnlich schwermütigen Ausdruck« (S. 59).

Besonders einfühlsam ist die Darstellung von Mals:

»Wie von einer längst entschwundenen Zeit zurückgelassen, liegt es am Hang und starrt mit seinen vielen Türmen nun wesensfremd und unbegriffen in die Landschaft... Mit fremdartigen Mienen schaun von kahlen Hügeln und vom Rande rauher Schotterhalden rundum Türme, Häusergruppen und einsame Kirchen her« (S. 61).

Der frühgeschichtliche Boden von St. Hippolyt regt ihn zu tiefsinnigen Gedanken an:

»Ist auch heute kaum mehr etwas davon zu sehen, so rührt doch dieses Altverwohnte des Büchels von St. Hippolyt, wie aller dieser ältesten Siedlungsstätten, seltsam eindringlich an den Urgrund unseres Wesens. In einer mit Worten kaum zu fassenden geheimnisvollen Weise hat die wildgewachsene Natur an diesen Orten eine, man möchte sagen, menschlich-architektonische Formung angenommen, in der vielleicht schon die Verhältnisgrößen für unsere heutigen Wohnräume, Häuser, Häusergruppen und Städte beschlossen liegen. Nun haucht der Felsenhügel sein unverstandenes Geheimnis in die Landschaft und schaut von der verlassenen Stätte das Kirchlein still und einsam in das Tal« (S. 78).

Aus »Das Haus im Oberen Gericht«:

24.2.1912. Tramin.

Tagebuchaufzeichnung

Als Ergänzung zum »Bild« des Künstlers möge noch der vielschichtige Ästhet zu Wort kommen, und zwar in einer von Hugo Atzwanger selbst verfaßten »Wanderskizze«, deren handschriftliches Original einer der engsten Freunde Atzwangers, Luis Oberrauch-Gries, freundlicherweise zur Verfügung gestellt hat.

»24. 2. 1912 Jenesien;
Wenn ich es - und es scheint mir so - mit der Arbeit heute wieder nicht weiter bringe als gestern, dann ist es gescheiter, ich gehe aus und schau mir was an - und wenn ich die ersten Schritte auf den Berg in den herrlichen Tag und die vor mir herrliche Landschaft voller Wunder und Rätsel gemacht habe, dann durchströmt mich die Wanderfreude so, daß ich glaube, ich hätte den Tag besser nicht verwenden können.

Vom Locher weg ist mir der Weg neu, und drum frage ich den Locher-Wendel, wie ich zu gehen hätte, um auf die Helfenburg zu kommen: *Zelm gien sie gkro über dö Wies o - zwischn dö zwoa Larch untn geat der Wög - nachher söchn sie schun - durch die Gaß außn zelm steat a Bild und gleim drunter geat der Steig awöck...*

So komme ich beim Tschinsch vorbei, wo man den Weg von Montigl zum Locher, den ich letzthin hätte gehen können, vom Lanzuner abzweigend, kühn in die senkrechten Felsen eingehauen sieht.

Weiter unten stürzt in langem freien Fall ein schmaler Wasserstrahl zerstäubend in die Schlucht, während sein Schatten an der roten, von der Sonne beschienenen Porphyrwand zittert.

Dann komme ich zum Kofler, einem großen Hof mit andern Nachbarn in einer wundernetten Gegend gelegen.

Mädeln singen bei der Arbeit um das Haus, und zwei unruhige Jagdhunde bellen, als sie in der Nähe gehen hören.

Das Leben dieser Leute in dieser hübschen Einsamkeit, die von der übrigen Welt nur die Fernsicht rund um sich haben, mag voll Heimlichkeit und nur halbbewußter innerer Süße zwischen Arbeit und Muße dahinfließen: So scheinen es mir die freundlichen Hügel, hinter denen hier die Häuser und die Bäume stehen, die bei der Arbeit halb verträumt gesungenen Lieder, die gemütliche und vertiefte Form der alten goldgelb und vom Porphyr rot leuchtenden Höfe, die sanft sich schmiegenden, nur noch bescheiden kleinen Weingärten und das saftige Grün mit halbwilden Zwetschkenbäumen mit ihrem Astgewirr zu erzählen. Es ist eine Landschaft zu stillem Glück...

Montigl tief unter mir, noch tiefer der Bach, zu dem ich hinuntersteige.

Wenn man die andere Seite wieder hinangeht gegen die Montigler Höfe, sieht man - es war wohl die ehemalige Scheune für das Schloß (= Helfenburg), die Rießhütt: ein kleines, etwas turmartig hohes, mit Zinnen gekröntes Häuschen, an dem außen an der Wegseite Reste eines über Eck angebaut gewesenen Tores sichtbar sind.

Das Innere ist traulich eng, neben der Haustür einerseits der Steintisch mit der Herdplatte, darüber der Kamin, andrerseits das Ofenloch für das gemauerte Öfele in der Stube.
Diese ist ebenso winzig und zierlich mit ihren netten Tragbalken und den kleinen verzierten Querleisten.
Auf dem Haupttragbalken steht in sehr schöner strenger gotischer Schrift: *In Gottes namen bin ich vollbracht - seligs Scherman (?) hat mich gemacht anno Domini 1561 Locher (?).*
Fenster mit sehr flacher Blendung und Schubern, auch die Wandkästchen sind sehr traulich.
Aber die Abteilung vorn gegen den Stubenraum und zum Teil den Überboden ist bereits verloren gegangen, und der Oberstock mit zwei in Eselsrücken abgeschlossenen Türen ist in ganz argem Zustande...
Ich gehe von da oben weiter durch den Wald im Bachbett gegen Siebeneich. In seinem lichtroten Bett fließt der verheerende Bach, dornige Akazien bilden da dichte Bestände und Götterbäume, die so saftstrotzend und starr ihre Zweige strecken, daß diese abspringen, wenn man den Stamm schüttelt.
Und lianenartiges Schlinggewächs wie in einem Urwald. Und dann stehen, zu Siebeneich gehörig, die schönen Sommergüter der Weinherren, zwischen schwarzen Tujen und Zedern und Zypressen, in deren tiefen Schatten sich weiße Pfauen, schillernde Perlhennen und gold und rot und grün glänzende Hähne vor der Mittagssonne verbergen; stehen weite, bequeme, zweistöckige Landhäuser mit lichten Fronten, einem freundlichen Fresko im geschwungenen Giebel unter dem Eßglockentürmchen und mit gemalten breiten Fensterumrahmungen.
Und weit herum stehen die Wirtschaftsgebäude...«.

Würdigung

Abschließend soll noch versucht werden, das bildnerische Werk Hugo Atzwangers in einer gewissen Entwicklung zu sehen.

Wie im »Lebensweg« geschildert, waren die Brixner Gymnasialjahre von kaum zu überschätzender Bedeutung; für die »handwerkliche« Ausbildung, für die Mal- und Sehweise Atzwangers bildeten die Zeichenstunden beim Dombenefiziaten Ferdinand Gatt eine erste aber entscheidende Grundlage.

Denn dieser Lehrer hatte in Wien noch die feine biedermeierliche Aquarelltechnik erlernt und gab nun seine große Erfahrung in den Unterweisungen im Freihandzeichnen weiter.

Über seine akkurate Malweise erzählt Josef Weingartner, daß Gatt einmal seinen Schülern ein von ihm gemaltes Frühlingsbild gezeigt habe, auf welchem siebzehn verschiedene Grüntöne verwendet worden waren.

Die folgenden vier Jahre an der Münchner Akademie prägten, so will es scheinen, eher Atzwangers »offizielle« Kunst.

Zu dieser zählen die ersten Fresken und die großformatigen Tempera- abzw. Ölbilder (Selbstbildnis 1909, Damenbildnis 1912, Domanig 1912).

Dieser erste Akademismus wandelte sich dann in eine weichere, fließende Linie, die dem damaligen Jugendstil nahesteht.

In der privaten Sphäre Atzwangers ist jedoch sein eigener Strich bereits gut unterscheidbar; in den Skizzenheften, die aus den Jahren 1907 bis 1909 noch vorhanden sind, erkennt man die sichere Hand und das Interesse des Zeichners an volkskundlichen Themen.

Hier ist er schon unbewußt »im Dienste der Heimat« - wie seine Stellung immer wieder bezeichnet wurde - und in dieser seiner Haltung muß dann auch sein gesamtes Schaffen verstanden werden; denn mit Pinsel, Stift, Feder oder Fotoapparat, er hält immer das fest, was ihm wert scheint, für die Zukunft gesichert zu werden.

Es geht ihm dabei aber nicht nur um den bloßen realen Gegenstand, er fängt mit ihm auch die Atmosphäre, die »Formung«, wie er selbst sagt, mit ein.

Dies kann man bei den vielen Trachtenbildern beobachten, wo außer der mit treffender Sicherheit wiedergegebener »Stofflichkeit« (Leder, Seide, Leinen), auch die charakteristische Haltung ihrer Träger, das behäbige, etwas schwerfällige Stehen der Sarner Bauern oder das verschämte zur Seite Schauen junger Landmädchen festgehalten wird.

Auch in den Landschaften holt er mit dem Farbstift oder dem Pastell ihren Charakter hervor, er drückt das Herbe oder das Sanfte aus, man kann förmlich die jahreszeitliche Temperatur fühlen, und dies oft auf kleinformatigen »Zetteln«, die beim ersten Betrachten eher unscheinbar wirken.

Welche unmittelbare Ausstrahlung ein solches Bild tatsächlich besaß, weiß heute noch ein Neffe des Künstlers zu erzählen, dem es beim Betrachten eines gemalten Weinberges jedesmal sommerlich heiß wurde.

Hier muß auch der kleinen Farbstiftzeichnungen gedacht werden, die im Kassiankalender erschienen und 1962 das Bändchen »Der Wein im Wetterspruch« (Text von Hermann Mang, Brixen) schmückten.

Trotz der Kleinheit und Einfachheit erreicht Atzwanger eine Intensität und Spannung, die bei Illustrationen ihresgleichen suchen. Es sei etwa auf den »Regenbogen über Rebengelände« oder auf den Spruch *Zu Georgi blinde Reben - Volle Trauben später geben«* hingewiesen.

Und die Synthese von Gegenstand und »Geistigkeit« (dieser Terminus wurde von ihm selbst verwendet), erreicht er später auch mit dem Mittel der Fotografie; unter den Tausenden von Aufnhamen, die er in drei Jahrzehnten für sich und für die »Kulturkommission« machte, finden sich auch bezeichnenderweise solche mit dem Titel »Edelkastanienstamm bei der Ruine Boymont«, »Efeu auf einem Porphyrfelsen« oder »Balkenköpfe an der Ecke einer Heuschupfe«. Dies beweist, daß Atzwanger auch mit mechanischen Mitteln imstande war, mehr als nur Gebäude und Gegenstände auf die Platte zu bannen.

So schärfte sich sein Blick zunehmend für das Wesentliche, der Strich wurde knapper und gleichzeitig flüssiger, im allgemeinen blieb er objektiv-beschreibend und belauerte sein Objekt, bevor er es mit sicherem Können zu Papier brachte.

Werk und Leben beleuchten klar das Bild des *einen* Atzwanger: ehrlich zu sich selbst, bescheiden nach außen, kritisch und unermüdlich gegenüber seiner Arbeit, dienend seiner Heimat.

Vom Lengmooser Umgang - Aquarell, 28,5 x 22,5 cm, 1921

Trachten aus Lengmoos - Aquarell, 28,3 x 22,5 cm, 1921

Drei Bäuerinnen - Aquarell, 42 x 34 cm

Studie zu Hirtentracht
Aquarell, 17,5 x 31 cm

Drei Hirten - Aquarell, 41,5 x 31 cm

Zwei Mädchen in Tracht
Aquarell, 22 x 28 cm

Drei Männer in Tracht
Aquarell, 22,3 x 28 cm

Sarner beim Kirchgang - Aquarell, 63 x 48 cm

Frau in Sarner Tracht
Aquarell, 29,5 x 40 cm

St. Jakob im Sand - Aquarell, 31 x 36,5 cm, 1927

Interieur
Farbstift, 40 x 55 cm

Prozession
Aquarell, 16,5 x 21 cm

In der Wintersonne - Aquarell, 42 x 38 cm

Dame mit Schleier
Tempera, 100 x 69,5 cm, 1912